Mensajes con amor

Grupo ROBIN BOOK

Barcelona - México
Buenos Aires

Mensajes con amor

Susan Jeffers

Traducción de Barbara Eichholz

Título original:
*Inner Talk for A Love That Works, Inner Talk for Peace
and Mind, Inner Talk for A Confident Day.*

© Susan Jeffers
© 2009, Ediciones Robinbook, s. l., Barcelona

Diseño de cubierta e interior: Cifra
Fotografías de cubierta e interior: iStockphoto

ISBN: 978-84-7927-987-5
Depósito legal: B-9004-2009

Impreso por Egedsa, Rois de Corella, 12-16
08205 Sabadell (Barcelona)

Impreso en España - *Printed in Spain*

Índice

Nota del editor

Este libro es una colección de afirmaciones positivas escrito por Susan Jeffers, famosa psicóloga norteamericana cuyos numerosos libros han ayudado a muchas personas a encontrarse a sí mismas y a superar gran variedad de problemas personales. El primero de estos libros fue publicado por nuestra editorial bajo el título *Aunque tenga miedo, hágalo igual*.

El presente libro está pensado especialmente para poner en práctica y aplicar en nuestra vida diaria el poder de las afirmaciones, una de las herramientas más poderosas del pensamiento positivo.

Nota del traductor

Las afirmaciones de este libro son útiles y pueden ser aplicadas por todas las personas, independientemente de su sexo. Sin embargo, para una mejor fluidez en la lectura hemos querido evitar poner en cada caso entre paréntesis la forma gramatical correcta para cada sexo: tú misma (o). Por ello optamos por usar el femenino en una parte del libro y en la otra el masculino.

Introducción

Una afirmación es la expresión de una persona que quiere convencerse a sí misma en su forma mas elevada. Es una declaración positiva de que algo está sucediendo ya: no sucederá mañana ni en el futuro, sino ahora mismo. Algunos ejemplos de afirmaciones pueden ser:

- Irrumpo a través de viejos moldes y avanzo con mi vida.
- Estoy creando la relación perfecta.
- Estoy hallando el empleo perfecto para mí.
- Domino ahora todos mis miedos.
- No hay nada que temer.
- Estoy creando todo lo que quiero, facilmente y sin esfuerzo.
- Mi mundo esta lleno de abundancia.
- Ahora, estoy creando un cuerpo radiante de salud.
- Estoy llenando mi vida de paz y alegría.
- Dejo que mi mente se relaje y se suelte.

Existen varios puntos importantes que deben recordarse acerca de las afirmaciones:

Formula siempre las afirmaciones en tiempo presente.

Erróneo: Dominaré mis miedos.

Exacto: Ahora, estoy dominando mis miedos.

Expresa las afirmaciones siempre en forma positiva, nunca negativa.

Erróneo: Ya no me hago reproches.
Exacto: Siento más confianza cada día.

Elije afirmaciones que te parezcan exactas en cualquier momento dado.
Lo que parece exacto cambia al cambiar la situación y el estado de ánimo.

La esencia del programa de afirmaciones propuestas en este libro
puede resumirse en tres palabras: Supera tu Negatividad. Como sin
duda no ignorarás, esto es todo un desafío. Esa voz interior que nos
habla sin cesar de penas, infortunios y desastres tiene un poder de per-
duración increíble. Presionará en todas las formas posibles para seguir
ejerciendo su poder sobre nosotros. Mantener bajo control a esa voz
interior mediante el pensamiento positivo es el objetivo de las afirmaciones que presenta este libro. Para conseguirlo hace falta mucha práctica, sobre todo al principio; después, pasado un tiempo, se hace más
automático y bastará con unas pocas evocaciones diarias para mantener exaltado tu estado de ánimo.

El siguiente programa intensivo está pensado para quienes no están
iniciados en el pensamiento positivo. Para seguirlo con más facilidad
te recomiendo grabar los mensajes de este libro en varias cintas según
tus necesidades en este momento. Pronto los habrás aprendido de me-
moria y podrás repetirlos mentalmente, siempre que tengas necesidad
de hacerlo.

l. Cuando comiences a despertarte, pon en marcha tu casete y escucha la cinta elegida la noche anterior. Estírate con los ojos cerrados
y déjate impregnar de los mensajes tranquilizadores y afectuosos.
Comprobarás que esto supera ciertamente el permanecer acostado

sin la menor gana de levantarse y de afrontar todas las cosas «desagradables» que tienes que hacer durante todo el día.

2. Pon música relajante.

3. Mientras te vistes, con música de fondo, comienza a repetir las afirmaciones elegidas para este día. Uno de los mejores lugares para hacerlo es frente al espejo. Repite tu afirmación o tus afirmaciones por lo menos durante diez minutos. Mientras lo hagas, tu voz negativa tratará de iniciar su charla de rutina. Hace falta atención para notar su presencia, ya que penetra de forma furtiva y silenciosa. Apenas la adviertas, comienza por sustituir su negatividad con tus afirmaciones. No permitas que esa voz te domine.¡Supérala! Te prometo que, con la práctica, la voz negativa será la raro y la positiva la norma. Aunque no creas en las palabras de tus afirmaciones, verás como una repetición constante hará, eventualmente, su efecto.

Nota: Al principio es importante que no hagas funcionar el televisor o la radio para escuchar el noticiario si tienes costumbre de hacerlo. La presentación de las noticias es abrumadoramente negativa. Por el momento, deja que la voz positiva elegida sea la única noticia que oyes mientras te preparas para los sucesos del día. Si tienes por costumbre leer el periódico durante el desayuno, evita las crónicas «sensacionalistas» de primera plana y concéntrate en los artículos alentadores.

Cuando hayas adquirido el hábito de pensar de forma positiva podrás volver a leer todo el periódico y a escuchar los noticiarios. Quizás descubras que has obtenido un enfoque más constructivo de los medios de difusión, viendo en las «malas noticias» la oportunidad de empezar a asumir tu responsabilidad, por ti misma y por tu comunidad. Te aconsejo, sin embargo, no comenzar el día escuchando las noticias. Bastará con alguna noticia suelta cuando tengas tiempo de superar los sentimientos negativos derivados de la misma.

4. Si haces ejercicios a diario, ése es un momento propicio para impulsar tu pensamiento positivo. Afirmaciones tales como «siento la energía que me recorre el cuerpo» y «cada día me siento más fuerte» harán mas eficaces tus ejercicios cotidianos.
5. Si vas en tu propio coche al trabajo tienes suerte, porque puedes aprovechar el tiempo del viaje escuchando tus cintas de inspiración y practicar tus afirmaciones.

Nota: No uses cintas de relajamiento o meditación en el coche por razones evidentes.

Si acudes a tu trabajo a pie, puedes escuchar tus cintas en un walkman, siempre y cuando vayas por calles no demasiado ruidosas. Si trabajas en casa tienes suerte, porque puedes escuchar durante todo el día tus mensajes positivos, y si tienes niños en casa, piensa en el impacto positivo que causaran estas cintas sobre sus mentes jóvenes e impresionables.

6. Escribe tus afirmaciones cotidianas en tu diario. Cada vez que te refieras a ellas, repítelas varias veces. También es útil escribirlas en tarjetas y dejarlas sobre tu escritorio o en tu cartera o en cualquier otro lugar donde tengas que verlas forzosamente.
7. Cuando comienzan a penetrar las presiones y dudas cotidianas, pon una inyección de energía positiva. Te bastará con repetir reiteradas veces tus afirmaciones, hasta sentir que recuperas tus fuer-

zas y tu optimismo. Tu voz interior negativa querrá también penetrar en tu conciencia durante todo el día; no te olvides de superarla. Practica el pensamiento positivo de día y de noche.
8. Antes de dormir, pon una cinta de relajamiento en tu grabadora y escucha mensajes tranquilizadores.

Por favor, créeme si te digo que si cumples con la ejecución de este programa todo tu mundo cambiará. Tendrás una energía que nunca te pareció posible. Reirás y amarás mucho mas. Atraerás a mucha más gente a tu vida. Tendrás mejor salud física y te hará feliz el estar viva. Después de practicar el programa intensivo durante por lo menos un mes, podrás relajarte un poco e iniciar un programa de mantenimiento. Si, algunos días, no lograras ser tan laboriosa como te habría gustado ser, no permitas que tu voz interior negativa te regañe. Me parece oírla decirte: «Mira, no puedes ni siquiera cumplir un programa sencillo como éste. Nunca llegarás a sentirte bien. No tienes remedio». Si esto sucediera, no olvides que puedes superar esta voz negativa con decir, simplemente: «!Hago todo esto a la perfección!». Es una afirmación maravillosa para contrarrestar a esa voz negativa que te dice que estas cometiendo un error. No me cansaré de insistir en que el pensamiento positivo requiere una práctica diaria. La he estado practicando durante años y todavía dedico algún tiempo a eliminar la negatividad de mis pensamientos. Si dejo por completo de practicarlo, como me ocurre ocasionalmente, sé que mis buenos sentimientos disminuirán poco a poco. Gracias a Dios resulta muy fácil recuperar el impulso con el siempre acto de seguir el programa. Entonces, me digo siempre: «¿Por qué dejo de lado algo que me hace sentir tan bien?».

Una reflexión más sobre el pensamiento positivo. Es importante no usarlo como pretexto para una actitud negativa. Hace que nos sintamos tan bien que no podemos evitar la tentación de impedir que penetre en él toda la rutina e infortunio que hay en el mundo. Recuérdalo:

El pensamiento positivo, en su forma más constructiva, no niega el dolor y el sufrimiento que existen en el mundo.

Existen muchos problemas que deben ser afrontados. Negar que existen es una locura, pero podemos afrontarlos con la idea positiva de que se puede hacer algo, aun cuando no veamos claramente la respuesta. La negación crea negatividad... y lo mismo la desesperanza. Todos experimentamos dolor y éste no puede ser negado cuando existe. La clave es saber que uno puede llevar una vida productiva y significativa, cualesquiera que sean las circunstancias externas. Lo que hace el pensamiento positivo es ofrecer un impulso de poder adecuado para ayudarnos a afrontar lo que nos ofrece la vida. Es una herramienta muy poderosa, que nos puede dar acceso a un lugar interior, que, cuando es perforado, nos permite sentirnos «realizados».

A ese lugar interior se le han dado muchos nombres, entre otros: el Yo Superior, el Yo Interior, el Superconsciente, el Consciente Superior y el propio Dios. Particularmente me gusta la expresión «Yo Superior» porque implica una transcendencia de aquella parte de nosotros que mora en las cosas insignificantes que causan miedo, odio, escasez y las demás formas de la negatividad. Evoca un nuevo plano de la existencia que tiene poco que ver con los contratiempos y las luchas cotidianas.

Son muchos los psicólogos que creen en la existencia del Yo Superior y en la influencia que éste puede ejercer sobre el individuo. Algunos de ellos se refieren a su trabajo con el Yo Superior con el nombre de «Psicología de la Cumbre» o «Psicología Transpersonal». La idea básica de esta variante de la psicología es que el Yo Superior posee un alto grado de sensibilidad y de concordancia en el fluir armonioso del universo. Es el envase de muchas virtudes sublimes: la creatividad, la intuición, la fe, el amor, la alegría, la inspiración, la aspiración, el preocuparse, el dar..., en fin, de todo lo que nosotros, en lo mas hondo de nuestros corazones, querríamos experimentar.

Somos demasiados los que buscamos algo «allí fuera» que complete nuestra vida. Nos sentimos enajenados, solitarios y vacíos. Hagamos lo que hagamos, nunca nos sentimos plenamente realizados. Esta sensación de vacío o de soledad intensa constituye nuestra clave para indicar que nos desviamos del camino y que necesitamos corregir nuestra dirección. A menudo pensamos que la rectificación reside en un nuevo compañero, una nueva casa, un automóvil, un empleo o lo que sea. No es así.

Creo que lo que buscamos todos en realidad es la esencia divina que hay en nosotros. Cuando estamos lejos de nuestro Yo Superior y experimentamos la sensación de andar extraviados o desviados de nuestro camino, debemos reencontrar el camino de regreso al hogar o simplemente usar las herramientas que nos ponen en línea con nuestro Yo Superior... y, así, dejar que vuelvan a fluir los buenos sentimientos.

Podríamos preguntar: «¿Dónde se ha estado ocultando el Yo Superior durante toda mi vida?». A menudo escuchamos las expresiones «cuerpo», «mente» y «espíritu». Se usan para definir todo nuestro ser. La sociedad moderna se ha preocupado ante todo del cuerpo y de la mente. La parte del espíritu, que abarca el Ser Superior, se ha perdido no se sabe cómo. Por ahora existen relativamente pocos lugares que enseñen algo sobre el Yo Superior.

Por eso, no debe sorprender que nos hayamos concentrado casi totalmente en las partes intelectuales y físicas de nosotros mismos. En realidad, muchos de nosotros ni siquiera nos hemos dado cuenta de que tenemos una parte espiritual.

A esto se añade el hecho de que a mucha gente ni siquiera le gusta la palabra «espiritual». La razón es que se confunde «espiritual» con religión y con Dios.

La forma en que nosotros usamos la palabra «espiritual» resultará aceptable tanto para la persona religiosa como para la atea. Cuando hablo de lo espiritual, me refiero al Yo Superior, al lugar interior que es afectuoso, bueno, pletórico, alegre y todas las demás cualidades que he mencionado yo. Créeme si te digo que, a menos que abras consciente o inconscientemente esa parte espiritual interior, sentirás un descontento permanente.

Estoy segura de que todos los que leen este texto han obrado a veces desde la parte espiritual de sí mismos sin llamarlo así.

¿Le has dado algo a alguien y te has sentido tan bien que ello ha hecho que asomaran lágrimas a tus ojos? ¿Te has sentido alguna vez tan abrumado por la belleza de algo, de un crepúsculo o de una flor, que ello te ha colmado de una sensación de abundancia? ¿Has mirado alguna vez más allá de la fea conducta de alguien y has sentido sólo amor por él al constatar su dolor? ¿Has derramado alguna vez lágrimas de alegría al ver una película en la que uno de los personajes supera un grave obstáculo?

Si has hecho algunas de estas cosas, se podría decir que has estado operando desde el Yo Superior. Has trascendido el mundo de las palabras insignificantes —como, por ejemplo: «Ella ni siquiera dio las gracias», «Él nunca recoge sus calcetines sucios», «¿Por qué no telefonea?»— y tocado un mundo de belleza que habita más allá.

Cuando nuestro Yo Superior Personal penetra con el Yo Superior de Grupo experimentamos una increíble sensación de elevación. Si tu corazón se ha ensanchado con las ceremonias de clausura de las olimpiadas, teniendo por ejemplo la sensación de lo magnífico que sería el mundo si todos obráramos al unísono por el bien de todos, has experimentado la sensación del Yo Superior de Grupo. El poder y el amor que puede engendrar son fenomenales.

El Yo Superior entra también en acción cuando uno crea «milagros de vida»: el poder levantar un coche si un ser querido se encuentra apresado debajo de él, o el ejecutar una tarea ímproba que todos han calificado de «imposible». Ese poder de hacer algo así proviene de nuestro Yo Superior.

Ahora que te he presentado el Yo Superior, permíteme que te muestre un modelo sencillísimo de ser, que sirve para recordarnos que podemos elegir nuestras experiencias de la vida.

Nuestra voz interior negativa es como un charlatán y trata de aturdirnos. Es el depósito de todas nuestras aportaciones negativas, desde que nacemos hasta ahora. Contiene nuestro yo infantil, que requiere constante atención y no sabe cómo dar. La mente consciente envía a la subconsciente órdenes basadas en la información de lo que recibe del Yo Superior o de este charlatán. Podemos adiestrarla para elegir lo uno o lo otro.

En la mente subconsciente hay depositada una enorme cantidad de información. También tiene acceso a ella la Energía Universal. Obra a la manera de una computadora, clasificando y encontrando. Por ejemplo, si uno no puede recordar un nombre, de pronto, cuando menos se lo espera, ése nombre salta desde no se sabe donde. Ello significa que la mente subconsciente ha estado trabajando. Recibe sus ordenes de la parte consciente. No cuestiona ni juzga. No sabe distinguir lo justo de lo injusto o lo sano de lo enfermizo. La mente subconsciente cree lo que le dice la consciente, sea o no cierto y tanto si uno lo cree o no.

La mente puede optar por escuchar a su charlatán, cuando derrocha toda clase de negatividad derrotista, o bien optar por escuchar a su Yo Superior, que se afirma a sí mismo, es afectuoso, generoso y pletórico. Los conceptos sugeridos en este libro tienden a lograr que la mente consciente abra su puerta a la abundancia del Yo Superior como algo opuesto a la escasez del charlatán. La mente consciente a menudo no sabe que la rige el charlatán. E incluso cuando lo sabe, está tan acostumbrada a escuchar al charlatán que, en el curso de los sucesos cotidianos, «olvida» escuchar al Yo Superior y por eso necesita que se lo recuerden sin cesar. Aquí es donde resultan útiles las afirmaciones, el pensamiento positivo, las cintas, los libros y las demás herramientas que tengas para recordarle a tu mente consciente que no debe seguir escuchando al charlatán.

Al igual que el Yo Superior, el charlatán ha estado siempre y estará siempre ahí. ¡Es inútil lamentar el hecho de que aparezca de vez en cuando! Debes comprender que tienes dentro esa voz negativa y también el Yo Superior. Ninguno de los dos es justo o injusto. Cada cual, simplemente, te proporciona una experiencia distinta de la vida. Si escuchas al charlatán con atención, esta experiencia te causará miedo y dejarás de expandirte. Si escuchas al Yo Superior, esta experiencia será alegre, abundante y exenta de temor.

¿Por qué suceden tantas cosas positivas cuando la mente consciente opta por obrar desde el Yo Superior y, a la inversa, cuando escucha al charlatán? Cuando la mente subconsciente recibe órdenes de la consciente procura ejecutarlas conectándose interiormente con el cuerpo, la inteligencia y los sentimientos. Por eso, cuando pensamos: «Soy una persona débil sin méritos», se conecta con nuestro cuerpo y nos vuelve físicamente débiles; se conecta con nuestros sentimientos y nos vuelve deprimidos e impotentes; se conecta con nuestra inteligencia y nos hace pensar estúpidamente, y además, nos llena de energía negativa. En cambio, cuando pensamos: «Soy una persona fuerte y meritoria», se conecta con nuestro cuerpo y nos hace físicamente fuertes; se conecta con nuestros sentimientos y nos hace sentir confiados en nosotros mismos y vitales; se conecta con nuestra inteligencia y nos hace pensar con claridad, y, además nos llena de energía positiva.

Fuera de nosotros hay una energía universal sin la cual el mundo no existiría. Al ejecutar sus órdenes, la energía de la mente subconsciente se conecta con esta energía universal, que logra devolver exactamente lo que uno ha «pedido». Si decimos: «Soy una persona débil y sin méritos», el universo obliga a la mente subconsciente y entrega toda clase de cosas negativas. La gente lo pisotea a uno. Uno nunca logra lo que quiere. Todo se interpone en su camino y uno se siente impotente para apartar nada.

Cuando uno dice: «Soy una persona fuerte y meritoria», el universo obliga a la mente subconsciente y entrega toda suerte de cosas positivas. La gente respeta su fuerza y lo trata con justicia. Uno consigue toda clase de cosas maravillosas. Nada se interpone en su camino cuando halla los medios de eliminar obstáculos. La clave, aquí, es como su mente subconsciente no juzga, tampoco lo hace la energía universal.

Los metafísicos hablan de leyes de energía Universal. Una de ellas es la ley de la Atracción. Puedes reconocerla como «lo semejante atrae a lo semejante». Cuando emites energía negativa... ¿qué atraerás? Energía Negativa. Cuando emites energía positiva... ¿qué atraerás? Energía Positiva. Quizás esto explique con más claridad el por qué resulta imperativo adiestrar a nuestra mente para que sólo emita pensamientos positivos.

A algunos les costará aceptar la idea de la energía universal. No es necesario creer en este concepto para penetrar en el Yo Superior. Sin embargo, cuando uno logra verse conectado con algo más grande que él mismo, no siente ya que debe hacerlo todo solo. Su sentimiento de poder aumenta prodigiosamente.

Teniendo de tu parte la energía universal, podrás aprender a confiar no sólo en ti mismo sino también en el Universo.

Afirmaciones para encontrar la paz interior

Una canción de cuna para el niño asustado
que vive dentro de todos nosotros.

Prefacio

Vivimos en un mundo lleno de estrés. El niño que todos llevamos dentro está a menudo muy asustado. Sin embargo, sin importar lo que en este momento esté pasando en nuestra vida, tenemos la posibilidad de encontrar dentro de nosotros mismos un lugar lleno de fuerza y amor que sabe que no hay nada que temer. Éste es el lugar de nuestro Ser Superior.

Escribí el apartado *Afirmaciones para encontrar la paz interior* para ayudarte a entrar en contacto con la voz de tu Ser Superior. La mayoría de nosotros sólo escuchamos la voz que nos habla de tristezas y desastres. Esta charla negativa, que tiene lugar en nuestra mente, nos deprime y nos hace sentir vulnerables. Nos produce la necesidad de querer controlarlo todo, incluidas las personas que se encuentran a nuestro alrededor. En cambio, la voz de nuestro Ser Superior puede eliminar nuestros temores, dándonos la seguridad y confianza para afrontar con éxito cualquier cosa que pueda suceder en nuestra vida.

Las palabras reconfortantes que vas a leer en este libro representan el poder y el amor que surge de todos nosotros. Si las lees a diario lograrán, con el tiempo, reemplazar la negatividad que hay en tu mente.

Recuerda que, para lograr que estas afirmaciones ejerzan sobre tu vida su poderoso y duradero efecto, no es necesario que creas en ellas.

A medida que, con el paso del tiempo, vayas leyendo su mensaje, una y otra vez, se convertirán en patrones de pensamientos positivos y alcanzarás gradualmente un estado de mayor paz mental.

Pronuncia estas palabras en voz alta siempre que puedas. Haz una respiración profunda en cada pausa de las frases para que tu cuerpo se relaje y pueda absorber estos pensamientos sanadores. Lee *Afirmaciones para encontrar la paz interior* justo antes de irte a dormir. También puedes grabar el texto en una cinta y escucharla en la cama. El impacto de estos mensajes irá en aumento a medida que los oigas, pronuncies o leas.

Lleva el libro contigo durante el día para usarlo en momentos de estrés. Sus mensajes te van a ayudar a permanecer centrada y en calma, a pasar por momentos emocionalmente difíciles y a encontrar lo mejor de ti misma.

De esta forma siempre tendrás un guía que te llevará a tu Ser Superior, al lugar donde reside toda tu paz interior.

De mi Ser Superior al tuyo,

Susan Jeffers

Sensación de paz 1

En este momento estoy creando una sensación de paz dentro de mi cuerpo y **dentro de mi mente.** Respiro profundamente y siento como voy relajándome desde la coronilla hasta la punta de los dedos de los pies.

2 Sin tensión

Siento **desaparecer** la tensión.

Siento desaparecer la tensión.

Siento desaparecer la tensión.

Respiración antiestrés 3

R espiro de nuevo profundamente y dejo que la luz de mi Ser Superior invada cada célula de mi cuerpo. Noto un calor sedante que va aliviando todos los lugares en los que siento preocupaciones y estrés.

Estoy bañada
en una luz sanadora

Mi Ser Superior 4

Otra vez inspiro profundamente y me relajo para ser acogida por los brazos de mi Ser Superior. Noto la seguridad que irradia mi alma. Me entrego a su fuerza magnífica. Me siento acunada con amor y...

5 A salvo

Estoy a salvo.
Estoy a salvo.
Estoy a salvo.

Las bendiciones en mi vida

6

Ahora cierro la puerta del pasado. Confío en que todo lo que me ha pasado en la vida haya sido una enseñanza para mi bien superior. Espero encontrar el don de la sabiduría en todas las experiencias de mi vida. Dejo atrás la oscuridad y voy hacia delante para encontrar la corriente del amor y de la luz.

7 Amor y luz

Estoy colmada de **amor y luz**.

Estoy colmada de amor y luz.

Estoy colmada de amor y luz.

Sin temores 8

Abandono mis temores sobre el futuro. Estoy en el camino correcto. Estoy haciendo todo lo que debo hacer. **Me siento guiada en cada paso** que doy en mi camino. Me relajo. Estoy a salvo.

9 Un día hermoso

Mi vida se desarrolla perfectamente.
Mi vida se desarrolla perfectamente.
Mi vida se desarrolla perfectamente.

Eterna Sabiduría 10

Supero mi necesidad de controlarlo todo, tanto dentro de mí misma como a mi alrededor. Me entrego a la eterna sabiduría que llena mi ser. Escucho con atención, y sé que la respuesta siempre aparecerá.

Confío en la Sabiduría
que hay dentro de mí

El camino de la abundancia

11

Dejo atrás todas mis preocupaciones por el dinero. Elimino de mi mente cualquier concepto de escasez. Siempre hay suficiente de todo. Soy capaz de crear todo lo que necesito. Entro en la luz y veo un camino sembrado de enormes posibilidades.

12 La vida: un privilegio

La vida es una aventura excitante.

La vida es una aventura excitante.

La vida es una **aventura excitante**.

Las bendiciones en mi vida 13

A bandono mi necesidad de intentar controlar la vida de los demás. Confío en que ellos, al igual que yo, estén en el proceso de aprender justo lo que necesitan saber. Confío en que ellos se encuentren también en el camino hacia su **Ser Superior**…, a su propia manera y a su propio ritmo.

14 Perfección

La vida se desarrolla a la perfección
para cada uno de nosotros.

La vida se desarrolla a la perfección
para cada uno de nosotros.

La vida se desarrolla a la perfección
para cada uno de nosotros.

No hay nada
que temer

15 Luz en el alma

Aunque viva en un mundo dominado por la lucha, permanezco en el lugar de la paz. Me agarro fuertemente a la luz de mi Alma. Dejo de prestar tanta atención a mis pensamientos y me concentro en mis emociones. Ahora veo las cosas con claridad y sé que…

Un bien superior 16

Confío en que todo lo que me ocurre es **para mi bien superior**, a pesar de las apariencias. Espero que todas las experiencias de mi vida me sirvan para aprender y crecer. Me libero de la necesidad de controlar el desenlace de todas las situaciones de mi vida.

17 Libertad y confianza

Me libero y confío.
Me libero y confío.
Me libero y confío.

Plan perfecto 18

Confío en que todo se desarrolle de acuerdo con un plan perfecto. Del mismo modo que las semillas se transforman en un jardín hermoso, así también mi vida se está transformando en una experiencia de abundancia exuberante.

19 Paz y desarrollo

Con paz permito que mi vida se desarrolle.

Con paz permito que mi vida se desarrolle.

Con paz permito que mi vida se desarrolle.

Sin dudas
ante el amor 20

Confío en mí misma. Dentro de mí existe una fuente de energía inagotable, que se encargará de todo lo que necesito hacer. **Elimino todas las dudas** en mí misma y las reemplazo por amor a mí misma. Me recuerdo a mí misma sin cesar que…

21 Ofrenda de amor

Merezco amor.
Merezco **amor**.
Merezco amor.

El camino de la solución 22

E ncuentro **soluciones a todos mis problemas** que se me presentan. Ruego a mi Ser Superior que me muestre el camino y me relajo sabiendo que dentro de mí tengo todo lo que necesito para desenvolverme en todos los sentidos.

23 Milagro Superior

Confío en el milagro de mi Ser Superior.

Confío en el milagro de mi Ser Superior.

Confío en el milagro de mi Ser Superior.

Justa paz 24

Me recuerdo a mí misma una y otra vez que, pase lo que pase, no tengo por qué preocuparme, no tengo por qué inquietarme. Estoy haciendo todo lo que necesito hacer…, justo en el momento indicado.

Progresar paso a paso
es suficiente
para mí

Poder y autosuficiencia 25

S oy un ser íntegro...., cuerpo, mente y alma. No me hace falta nadie para sentirme colmada. Corto el cordón que me hace depender de alguien o de algo para mi supervivencia. **Sé que soy un ser poderoso.**

26 Fuerza interior

Ahora reclamo mi fuerza interior.
Ahora reclamo **mi fuerza interior**.
Ahora reclamo mi fuerza interior.

El camino de la fuerza interior 27

Cada día estoy aprendiendo algo más. Cada día abro un poco más la puerta…, esa puerta que me lleva a mi ser Superior. Poseo la fuerza interior para encontrar mi camino.

28 Mi camino en la vida

Estoy encontrando mi camino.
Estoy encontrando mi camino.
Estoy encontrando **mi camino**.

Apartar el estrés 29

Aparto de mi todo pensamiento estresante y concentro mi atención en la belleza del ahora, las flores, las puestas de sol, el afecto, el contacto entre las vidas de todos nosotros. Me abro para recibir todas estas cosas que me han sido dadas. **La vida es abundante**. Confío estar en buenas manos y sé que…

30 Ser positivo

Todo está **bien**.
Todo está bien.
Todo está bien.

Sólo importa
el amor

31 La importancia del amor

Pongo en orden mis prioridades. Lo **más importante** es el amor y el calor humano que aporto al mundo. Mi vida tiene sentido. Mi vida tiene un propósito. Cada día aprendo algo más para convertirme en una persona afectuosa. Todo lo demás carece de importancia. Todo lo demás es tan sólo parte del drama.

Alegría en la vida 32

Pongo alegría en mi vida. Todo lo que hago es perfecto para mi crecimiento y autodescubrimiento. Amo mi vida y estoy dispuesta a aceptar todo lo que me ofrece. Agradezco profundamente las muchas bendiciones que estoy recibiendo. **La vida es verdaderamente grandiosa**.

33 El Ser receptivo

Le doy la bienvenida a todo.
Le doy la **bienvenida a todo**.

Le doy la bienvenida a todo.

En armonía con las Leyes Eternas 34

Me trato a mí misma con menos rigor. No tengo porqué darme prisa. Me entrego y permito que el río de la vida me lleve a nuevas aventuras. **Obedezco las leyes del Ritmo Eterno.** Tengo más tiempo suficiente para hacer lo que tengo que hacer. Me recuerdo a mí misma sin cesar que…

35 La abundancia

Hay tiempo más que suficiente.
Hay tiempo más que suficiente.
Hay tiempo más que suficiente.

Sintonía con el Universo 36

Percibo la luz de mi Ser Superior como un faro siempre presente que me guía en el camino. **Sintonizo con las sabiduría de mi Ser Superior.** Ignoro cualquier duda que pueda aparecer en mis pensamientos.

37 Paz interior

Me llena una sensación de paz.
Me llena una sensación de paz.
Me llena una sensación de paz.

La Luz Universal 38

Estoy en paz. Me imagino el agradable calor del sol en mi cara. Me doy cuenta de que mi Ser Superior está conectado con una **Luz Universal** que da calor a este mundo. Absorbo esta Luz para devolverla al mundo poco a poco.

Soy una fuente
de Luz Sanadora

Cálida energía 39

Estoy en paz. Todas mis cargas se desprenden de mí. Estoy en calma Me siento libre. **Siento la cariñosa luz del Universo**. Siento como un calor penetra por mi cuerpo. Me convierto en esa Luz.

40 La belleza del ser

Entro en contacto con la belleza de mi ser.

Entro en contacto con la belleza de mi ser.

Entro en contacto con la belleza de mi ser.

Fuerza interior 41

Despierto a la Gran Fuerza que reside dentro de mí. Los brazos acogedores de mi Luz Interior me envuelven y me mantienen a salvo. **Me siento bien cuidada**. Abandono cualquier necesidad de controlar cualquier cosa o persona a mi alrededor y confío en que no sufriré daño alguno.

42 Remanso de paz

Estoy en **paz**.
Estoy en paz.
Estoy en paz.

Afirmaciones para encontrar seguridad y confianza en ti misma

Un apoyo espiritual para el ganador
que vive dentro de nosotros.

Prefacio

La sensación de seguridad y confianza es algo que buscan todas las personas. Sin embargo, la mayoría de nosotros miramos hacia fuera para encontrarla. Esto casi nunca funciona. Porque plantar las semillas del respeto por uno mismo y observar como crecen es una tarea que cada uno de nosotros tiene que realizar dentro de sí. Sólo de esta manera podemos llegar a ser fuertes, realizarnos plenamente y sentir alegría participando en el mundo.

Las poderosas palabras llenas de amor que ahora vas a leer en este libro, te ayudarán a plantar estas semillas del respeto por ti mismo. Ellas representan la fuerza que reside dentro de todos nosotros…, la fuerza de nuestros Seres Superiores.

Su objetivo es eliminar la charla mental negativa que nos deprime y nos impide llegar a ser todo lo que queremos ser y hacer todo lo que queremos hacer. Si lees estas líneas frecuentemente observarás que esta charla menta negativa se va acallando a mediada que es reemplazada por la voz, mucho más reconfortante, de tu Ser Superior. Sentirás como tu autoestima aumenta. Recuerda que, para lograr que estas palabras ejerzan sobre tu vida su poderoso efecto, no es necesario que creas en ellas. A medida que las vayas leyendo, una y otra vez, se convertirán en patrones de pensamientos automáticos y llegarán a transformarte en una persona llena de confianza en sí misma.

Leer estas palabras en voz alta siempre que te sea posible. Haz una respiración profunda en cada pausa de las frases e imagina que las palabras llegan a ser una parte de ti misma.

También puedes grabar los mensajes de este libro en una cinta y escucharlos siempre que puedas, como por ejemplo cuando te estés vistiendo, haciendo ejercicio o mientras vas al trabajo en coche.

Cada vez que escuches, pronuncies y leas estas afirmaciones, su impacto sobre tu vida irá aumentando. Sugiero que leas *Afirmaciones para encontrar seguridad y confianza en ti misma* a primera hora de la mañana. Si te encuentras en una situación que requiere especial valentía, es aconsejable llevar el libro contigo durante todo el día. Así lo tendrás siempre a tu disposición para guiarte hacia tu Ser Superior, al lugar donde reside toda su fuerza.

¡Comencemos ahora a practicar el diálogo interior para incrementar la confianza y la seguridad en nosotros mismos!

De mi ser superior al tuyo,

Un gran día hermoso 43

En este momento **elijo crear un día hermoso.** Me comprometo a prestar atención a todo lo que es maravilloso dentro de mí y a mí alrededor. Noto en especial todas las bendiciones que hay en mi vida…, el cielo, los árboles, los buenos amigos, la buena comida, un cumplido, una ayuda o cualquier otra cosa buena que me es ofrecida. Sí…

44 Un bello día

Estoy creando un día hermoso.
Estoy creando **un día hermoso**.
Estoy creando un día hermoso.

Alimento espiritual: amor 45

Hoy voy a alimentarme a mí misma con pensamientos positivos. **Voy a vaciar de mi mente toda la negatividad.** La voy a sustituir por el amor. Voy a escuchar tan sólo los pensamientos sanadores de mi ser Superior…, esa parte de mí que es creativa y expansiva, llena de abundancia, alegría y amor, sabiendo que…

46 Sin miedos

No hay **nada que temer**.

No hay nada que temer.

No hay nada que temer.

Crecimiento 47

Asumo la responsabilidad de todas mis reacciones ante todo lo que me ocurre en la vida. **No culpo a nadie por lo que yo siento.** Me niego a verme a mí misma como una víctima. Busco en todas mis experiencias el posible crecimiento que me ofrecen.

48 Autocontrol

Tengo el control de mi vida.
Tengo el control de mi vida.
Tengo el control de mi vida.

Plena confianza 49

Tengo cuidado de no culparme a mí misma. No hay necesidad de culpar a nadie. Por el contrario, **aplaudo cada pequeño paso que doy** hacia una mayor confianza en mi propia fuerza. Con cada paso...

Siento que
me estoy haciendo
más y más fuerte

Poder interior 50

Entro en contacto con el enorme poder que hay dentro de mí: poder para crecer, poder para cambiar, poder para crear alegría y satisfacción en mi vida, poder para actuar, poder para avanzar, **poder para amar y ser amada**: Me recuerdo a mí misma sin cesar de pensar que…

51 Poder y amor

Tengo poder y amo.
Tengo poder y **amo**.
Tengo poder y amo.

Autoafirmación 52

S oy la mejor amiga de mi misma. Me doy cuenta de todos mis logros…, pequeños y grandes. Estoy orgullosa de la persona que estoy aprendiendo a ser. Me felicito a mí misma reconociendo lo lejos que he llegado ya…

53 Orgullo

Me gusto a mí misma.
Me gusto a mí misma.
Me gusto a mí misma.

Atracción positiva 54

Hoy no voy a permitir a nadie que me quite la sensación de bienestar. **Atraigo a personas positivas a mi vida**. Me comprometo a rodearme de personas afectuosas, enérgicas, generosas y bondadosas, que apoyan lo mejor dentro de mí.

55 Círculos de amor

Me rodeo de amor.
Me rodeo de amor.
Me rodeo de **amor**.

Me siento centrada
y colmada

56 Combatir la depresión

Resisto fuertemente cualquier energía negativa que intente deprimirme. Sea lo que sea lo que pasa a mi alrededor, respiro profundamente y **me acuerdo que todas las experiencias de la vida me sirven de aprendizaje**. Busco la oportunidad de crecer en cada una de las situaciones que se me presentan.

Abundancia propia 57

Mientras **siento la abundancia**, las riquezas van llegando a mi vida. Hay tantas a mi alrededor. Respiro profundamente y mantengo mi corazón abierto para recibir todas las riquezas que tengo delante de mí.

58 Atracción Superior

Atraigo muchas **cosas buenas** a mi vida.

Atraigo muchas cosas buenas a mi vida.

Atraigo muchas cosas buenas a mi vida.

Confianza en uno 59

Hoy aprendo a confiar. Sobre todo confío en lo que soy. Soy una persona capaz de crear todas las verdaderas riquezas del Universo: amigos, alegría satisfacción, plenitud.

60 Sin necesidades

Estoy creando todo lo que necesito.
Estoy creando todo lo que necesito.
Estoy creando todo lo que necesito.

Más allá del éxito y el fracaso 61

Confió en poder afrontar cualquier cosa que pueda pasar en mi vida. Puedo afrontar la enfermedad. Puedo afrontar perder dinero. Puedo afrontar envejecer. Puedo afrontar los fracasos. **Puedo afrontar el éxito. Puedo afrontar los rechazos**. Puedo afrontar estar sola. Incluso puedo afrontar la pérdida de personas queridas, Sí…

62   Yo puedo

Sea lo que sea que me espera en la vida, podré afrontarlo.

Sea lo que sea que me espera en la vida, podré afrontarlo.

Sea lo que sea que me espera en la vida, **podré afrontarlo**.

Cero preocupaciones 63

Hoy practico entregarme, rendirme al Poder Superior que vive dentro de mí y a mi alrededor. **Uso mi creatividad sin preocuparme**. Hago lo que debe hacerse y abandono mis temores con respecto a los resultados.

Me entrego y confío

Sentir la voz interior

64

Confío en mis instintos…, mensajes de mi Ser Superior. Escucho a la voz interior que sabe todo lo que necesita saber. Confío en la Sabiduría Universal que siempre sigue los designios del Gran Diseño. Con facilidad y sin esfuerzo alguno…

65 Visualizar el camino

Veo el camino delante de mí.
Veo el camino delante de mí.
Veo el camino delante de mí.

La madurez de la confianza

66

Avanzo con confianza y amor. La confianza que tengo en mí misma aumenta cada día. **Siento como mi confianza crece.** Soy capaz de crear muchas más cosas de lo que jamás hubiera creído posible.

67 Energía positiva

Estoy vibrante de posibilidades.
Estoy vibrante de posibilidades.
Estoy vibrante de **posibilidades**.

Fuerte y segura 68

Voy a aventurarme al menos una vez hacia lo desconocido. **Con cada paso adelante me vuelvo más fuerte y segura.** Aumento mi habilidad para manejar mis temores. Los motivos de mis aventuras serán tan sólo la integridad y el amor. Pongo cuidado en no violar los derechos de nadie y en no hacer daño a mi propio cuerpo.

69 La responsabilidad del amor

Actúo con responsabilidad y
amor hacia mí misma y hacia los demás.
Actúo con responsabilidad y
amor hacia mí misma y hacia los demás.
Actúo con responsabilidad y
amor hacia mí misma y hacia los demás.

He nacido para usar
el poder de mi amor

70 La fuerza Interior

Tengo toda la encrgía necesaria para hacer todo lo que tengo que hacer. **Recurro a mi fuente inagotable de Fuerza Interior.** Me comprometo con la vida con entusiasmo.

Ofrecer el máximo 71

Hoy me comprometo al cien por cien con todas las áreas de mi vida. **Cuando estoy trabajando, lo hago al cien por cien.** Cuando estoy con mi familia, lo estoy al cien por cien. Me pregunto sin cesar: ¿Qué haría yo si fuese realmente importante en esta vida? Entonces voy y hago precisamente eso.

72 Saber y actuar

Sé que cuento…, y **actúo en consecuencia**.

Sé que cuento…, y actúo en consecuencia.

Sé que cuento…, y actúo en consecuencia.

La abundancia del amor

73

Estoy aprendiendo a dar por amor, sin esperar recompensa. **Hay tanta abundancia en mi vida que puedo dar sin preocuparme**. No hay necesidad de retener nada.

74 El placer de dar

Dando me siento realizada.
Dando me siento realizada.
Dando **me siento realizada**.

Éxito propio 75

Hoy me concentro en algo más grande que yo misma. Soy parte de una unidad más grande. Digo que sí a la oportunidad de participar en el proceso de establecer la paz en nuestro planeta. **Ya soy un éxito por mí misma**. Estoy creando un mundo mejor con todo lo que hago..., en mi casa, en mi trabajo y en mis horas libres. Con todo lo que hago...

76

El elemento:
Fuego

Enciendo el fuego que da calor al mundo que me rodea.

Enciendo el fuego que da calor al mundo que me rodea.

Enciendo el fuego que **da calor al mundo** que me rodea.

Compasión con los demás

77

Hoy voy a tomarme tiempo para interesarme realmente por los demás. Extiendo mi mano, me abro para recibir sus penas y respondo con compasión.

Entro en contacto
con los demás y
mi vida se enriquece

Una vida maravillosa 78

Hay tanta ilusión y tantas cosas maravillosas en mi vida¡ A veces experimento el éxtasis de formar parte de la corriente de la vida. A veces experimento la agonía de estar fuera de ella. **Todo forma parte del proceso de vivir.** Siempre recuerdo que...

79 Perfección vital

Todo está desarrollándose a la perfección.
Todo está desarrollándose a la **perfección**.
Todo está desarrollándose a la perfección.

Actitud positiva 80

Muevo la cabeza en un gesto de afirmación en lugar de negarme. Abandono mi resistencia y acepto nuevas posibilidades. **Relajo mi cuerpo y evalúo cada situación con calma.** Me gusta tener la oportunidad de probar todo lo que la vida tiene que ofrecerme…, tanto las experiencias amargas como las dulces.

81 El «Sí» positivo

Digo **«Sí»** a todo.
Digo «Sí» a todo.
Digo «Sí» a todo.

Puedo hacerlo 82

La energía positiva del Universo me apoya. Abrazo mi fe y me elevo por encima de todo. Sé que puedo hacerlo..., serlo... y disfrutarlo. Mi vida es un éxito. Estoy siguiendo a lo divino que hay dentro de mí.

83 El buen sendero

Estoy en el camino correcto.
Estoy en el **camino correcto**.
Estoy en el camino correcto.

Mente y Ser Superior

84

Mi mente se va alineando con mi Ser Superior. Ahora confío…, aprecio…, amo…, siento cariño…, estoy en paz…, soy creativa…, sé que cuento…, hago una contribución positiva…, sé dar y recibir…, participo…, estoy contenta…, me siento viva…, ayudo a los demás…, vivo con alegría…, sé perdonar…, estoy relajada…, estoy llena de vida…, tengo poder…, estoy protegida…, me libero…, estoy consciente de todas las cosas buenas de mi vida…, me siento unida, tengo entusiasmo…, tengo seguridad en mí misma… y sé que…

85 Abundancia

Estoy llena de vida y energía.
Estoy llena de **vida y energía**.
Estoy llena de vida y energía.

Afirmaciones para crear
una relación de amor
que funcione

A los milagros que el amor
aporta a nuestras vidas

Prefacio

Es una alegría para mí poder darte en este libro algunas afirmaciones muy poderosas que te van a ayudar a ser responsable en tus relaciones amorosas. Las palabras que vas a leer en este libro están pensadas para que puedas crear una mayor intimidad con esta persona especial en tu vida. Si no mantienes una relación romántica, puedes usar estos mensajes para mejorar tu relación con otra persona cercana a ti, como por ejemplo un amigo, tus padres, tus hijos o un compañero de trabajo.

Es una buena práctica. Porque, después de todo, ¡el amor es el amor y no importa en quién lo encontramos!

El propósito de estos mensajes positivos es ayudarte a reemplazar cualquier pensamiento negativo que puedas tener con respecto a tus relaciones pasadas, presentes o futuras, por los pensamientos positivos de tu Ser Superior que es lo mejor que hay dentro de ti. Durante este proceso vas a entender lo que significa de verdad honrarte a ti misma…, y a los demás.

Recuerda que para que estas afirmaciones produzcan un efecto sanador en tu vida, no es necesario que creas en ellas. Basta, simplemente, con que confíes en que tus mensajes serán escuchados en algún nivel de tu ser.

Lo ideal es leer estos mensajes a diario durante al menos un mes…, o hasta que las palabras se integran automáticamente en tu forma de pensar. Durante la lectura es aconsejable realizar una respiración profunda en cada pausa de las frases, para permitir que tu cuerpo se relaje y pueda absorber la energía que crea cada palabra. Pronuncia estas palabras en voz alta siempre que puedas. También puedas grabarla en una cinta y escucharla siempre que te sea posible, como por ejemplo en la cama, cuando te despiertas, o bien mientras haces ejercicios o te vistes.

Cada vez que oigas, pronuncies o leas estas palabras, su efecto ira aumentando. También puedes llevar el libro contigo durante todo el día para usarlo siempre que necesites recordar lo que es una amor Superior.

A medida que vayas leyendo estas líneas, una y otra vez, aprenderás poco a poco a convertir tu vida en una experiencia llena de amor.

De mi Ser Superior al tuyo,

Susan Jeffers

Amor Superior 86

Ahora estoy preparada para crear un amor que funcione…, un amor que emana de la parte más superior de mi ser. Ahora estoy preparada para crear un ambiente capaz de acoger las semillas de este Amor Superior y hacerlo florecer. **Respiro profundamente y siento crecer la energía del amor.**

87 Camino de amor

Para guiarme en este camino de amor con esta persona que es ahora tan especial en mi vida…, o con alguien que voy a encontrar algún día…, afirmo las siguientes palabras desde lo mejor de mi ser…

Cura de amor 88

Estoy sanando todo el dolor emocional que me impide amarme a mí misma y amarte a ti. Abandono todas las emociones negativas que me mantienen separada del amor. Dejo atrás la necesidad de culparme… o de culparte. **Estoy transformando mi dependencia en verdadero afecto.** Me pongo en acción para crear una vida que nos enriquezca y nos nutra. Me rodeo de personas alegres. Estoy aprendiendo a considerarme una persona valiosa. Recurro al gran poder que reside dentro de mí.

89 Un corazón pleno de amor

Abro mi corazón al amor.
Abro **mi corazón** al amor.
Abro mi corazón al amor.

Prescindir de las culpas 90

Ahora me tomo el tiempo necesario para analizar las emociones que me separan del amor. En primer lugar examino cualquier tipo de ira que pueda sentir contra ciertas personas, en mi vida… pasada o presente. **Las libero de toda culpa** porque sé que culpar es un acto desprovisto de poder.

91 Control de emociones negativas

En vez de culpar, acepto mi ira como señal que me indica que ha llegado el momento de asumir **el control sobre mis acciones y reacciones**. Para canalizar mi ira en una herramienta positiva de autodescubrimiento y autocuración, afirmo las siguientes palabras que salen de mi Poder Interior…

Estoy creando una vida
llena de amor

92 Evitar el dolor

Estoy moldeando mi vida en la forma que a mí me gusta. La vida me ofrece la posibilidad de elegir. Me pongo en acción. No tengo nada que temer. Con el corazón abierto, me aparto del camino de las personas que intentan herirme. Puedo ver su dolor interior y los libero de él con amor. Atraigo a personas que nutren mi vida.

Aprender de las experiencias 93

En las misma medida que libero a los demás de cualquier culpa, tengo también cuidado de no culparme a mí misma. Sé que todas mis experiencias son una fuente de crecimiento y aprendizaje.

94 Afirmaciones con amor

S in dar ninguna importancia a los acontecimientos pasados de mi vida, afirmo lo siguiente con amor…

Seguir la luz interior

95

No existen errores, sólo oportunidades para crecer. Soy fuerte y asumo la responsabilidad de mi vida. **Merezco dignidad y amor.** Soy un aprendiz del amor y aprendo bien mis lecciones. Todas las experiencias de la vida me enseñan algo. Sigo a mi luz interior que me guía hacia el amor.

96 Confianza plena

Confío en lo que soy.
Confío en lo que soy.
Confío en lo que **soy**.

Compartir la verdad 97

Ahora estoy creando un lugar seguro en el cual será posible una mayor intimidad. Entiendo que ambos estamos haciendo lo mejor que podamos para compartir nuestra verdad el uno con el otro.

98 Un día hermoso

Para ayudar a mantener vivo este sentimiento de
intimidad, afirmo lo siguiente…

Enviar pensamientos de amor

99

S oy tu amiga. Estoy de tu parte. Te envío pensamientos de amor. Escucho y presto atención a lo que dices. **Abro mi corazón para recibir.** Acepto todo lo que haces viendo en ello tu deseo de ser amado. Veo la belleza que hay en ti.

100 Abrirse al amor

Me abro a **tu amor**.

Me abro a tu amor.

Me abro a tu amor.

Amor y respeto 101

Me miro al espejo y evalúo mi necesidad de tener razón…, mi necesidad de decir siempre la última palabra. Ahora sé que estoy bien tal como soy.
Amo y respeto todo lo que soy.

No hay nada
que tenga que
probar..., a mí mismo o a ti.
Con confianza en mí misma
afirmo lo siguiente con amor...

Somos uno 102

Me abro a lo que tienes que decir. Respeto tu punto de vista tanto como el mío. Veo en ti muchas de las cosas que me faltan por aprender. **A la altura del alma somos uno.**

103 Te amo

Te amo.
Te amo.
Te **amo**.

Aprender a confiar 104

Ahora estoy aprendiendo el significado de la confianza. Sé que la única cosa en la que realmente **puedo confiar es en mi propia capacidad** para afrontar cualquier cosa que puedas decirme o hacerme.

105 A solas con el amor

Los dos somos humanos y no podemos predecir el futuro. Cuando tengo plena confianza en mí misma, desaparecen mis temores y sólo queda el amor.

Confianza en el futuro

Tengo confianza en lo que soy. Puedo afrontar cualquier cosa que pueda pasar en mi vida. Corto el cordón de la dependencia. Mi autoestima crece cada día. Estoy creando una vida maravillosa. **Tengo confianza en el futuro.** Siempre hay más.

107 Ser fuerte

Soy fuerte y estoy colmada.
Soy fuerte y estoy colmada.
Soy fuerte y estoy colmada.

Me siento rodeada
de abundancia

108 Abandono los juicios negativos

Ahora abandono todos mis juicios negativos. Dejo atrás mi ira y mis temores y aprecio todo lo que es realmente maravilloso en ti. Aprendo a aceptar todo lo que me das, reconociendo y apreciando tu aportación a mi vida…, sin importarme lo pequeña o grande que sea.

Ser agradecido 109

Agradezco las muchas cosas que haces por mí. Agradezco tus muchos actos amables. Agradezco todos los momentos maravillosos que compartes conmigo. **Agradezco todas las veces que piensan en mí.** Agradezco todo lo que estoy aprendiendo sobre mí misma a través de ti. Agradezco que me escuches, me ames, me caricies, me halagues, me hagas reír; que intentes, esperes, seas y hagas; que me compres cosas, me apoyes, compartas conmigo, me nutras, me protejas, me hables y me acompañes en el camino. **Agradezco que seas parte de mi vida.**

110 Agradecer

Gracias.
Gracias.
Gracias.

Amar lo que soy   111

Para amarte a ti de verdad es esencial que yo aprenda a amar lo que soy. Amar lo que soy significa reconocer con mi mente, sentir en mi corazón y reflejar al mundo mi belleza interior, mi fuerza interior y mi luz interior.

112 Centrar la mirada en la belleza

Cojo el espejo y concentro mi mirada en toda la belleza que reside dentro de mi cuerpo, mente y alma. Con mis actos y con mis palabras **me recuerdo a mí misma** que, al nivel de mi Ser Superior…

El placer
de conocerse

Estoy llena de una fuerza vital vibrante.

Soy capaz y estoy colmada.

Soy una persona responsable.

Tengo poder y sé amar.

Es un placer conocerme.

Estoy llena de belleza, fuerza y luz.

Mi vida es una contribución positiva.

Tengo una influencia buena sobre el mundo,
vaya donde vaya.

Tengo tanto que dar.

Mantengo mi cabeza bien alta.

Merezco amor.

114

Amar al Ser Interior

Amo lo que soy.
Amo lo que soy.
Amo lo que soy.

Aprende a amar

115

A medida que aprendo a amar lo que soy, te apoyo a ti en tu **aprendizaje de amar** lo que eres.

A través de mis palabras y
actos te hago saber siempre que,
al nivel de tu Ser Superior…

Fuerza vital 116

Estás lleno de una fuerza vital y vibrante.
Eres capaz y estás colmado.
Eres una persona responsable.
Tienes poder y sabes amar.
Es un placer conocerte,
Estás lleno de belleza, fuerza y luz.
Tu vida es una contribución positiva.
Tienes una influencia buena sobre el mundo,
vaya donde vayas.
Puedes llevar la cabeza bien alta.
Mereces amor.

117 Amo lo que eres

Amo lo que eres.

Amo **lo que eres**.

Amo lo que eres.

Abrir el corazón 118

A bandono mis ideales de cuento de hadas, que no hacen más que predisponerme para la decepción. La única cosa que espero conseguir con esta relación —o con cualquier otra, sin importarme que dure una semana, veinticinco años o hasta que la muerte nos separe—, es **aprender a abrir mi corazón** y convertirme en una persona más capaz de amar.

119 Relación de amor

Soy un aprendiz del amor. Sé que hace falta ser consciente y practicar para crear una relación de amor que funcione. Me comprometo a dar los pasos necesarios para alcanzar un Amor Superior. Para mantenerme en este camino afirmo lo siguiente…,

Amo lo que soy 120

Sólo depende de mí ser una persona capaz de amar. Estoy creando una energía interior de amor que llega a todas las personas que me rodean. Mi vida cuenta. **El amor en mi vida comienza conmigo misma.** Amo lo que soy. Recurro al Gran Poder que hay dentro de mí.

121 Amor en mi corazón

Abro mi corazón al amor.
Abro mi corazón al amor.
Abro mi corazón al amor.

Amar a la humanidad 122

Sé que para crear un Amor Superior tengo que amar a la humanidad. Cuanto más capaz sea de amar al mundo fuera de mi relación amorosa, más capaz seré de amar dentro de esta relación.

123 Bienvenida al amor

Me recuerdo una y otra vez que el mundo me necesita para aportar más amor. **Hay tantas personas que darían la bienvenida a mi amor.**

Me importas 124

Extiendo mi mano a las personas que me rodean. Las invito a participar en mi vida. Mis ojos dicen: «Bienvenido seas». Mi sonrisa dice: «Me gustaría conocerte mejor». Mi corazón dice: **«Me importas».**

125 Abrazo al mundo

Abrazo al mundo en un gesto de amor.
Abrazo al mundo en **un gesto de amor**.
Abrazo al mundo en un gesto de amor.

Aliviar el dolor 126

Mi Propósito Superior en la vida es aliviar el dolor de alguna persona.

Mi Propósito Superior es preocuparme por los demás.

Mi Propósito Superior es compartir.

Mi Propósito Superior es dar.

Mi Propósito Superior es tener compasión.

Mi Propósito Superior es llevar la luz dondequiera que vaya.

127 Cálido amor

Con mi amor doy calor al mundo.

Con mi amor doy calor al mundo.

Con mi amor doy calor al mundo.

Otros títulos de **Vital**

Pídeselo al Universo
Bärbel Mohr

Un manual para aprender a interpretar las señales que nos envía el Universo. Cada vez hay más personas que perciben con toda claridad la voz de su intuición. Para poder escuchar la voz interior resulta suficiente con un poco de entrenamiento, recostarse unos minutos, respirar adecuadamente y percibir el propio ser y el contacto con el Universo. Porque si uno es feliz, puede tenerlo todo y no necesitar nada.

Felicidad es...
Margaret Hay

Sumérgete en las pequeñas páginas de este libro, en él encontrarás reflexiones que te acogerán, tranquilizantes. Tómate tu tiempo. Coge el libro, cierra los ojos, respira y ábrelo al azar por cualquier parte, vuelve a abrir los ojos, lee con atención y tómalo como punto de partida. Te ayudará en tus decisiones. Muchos buscan la felicidad sin saber que ésta se construye día a día, minuto a minuto, disfrutando de todo lo que se nos presenta en cada instante.

Susan Jeffers, la aclamada autora del *best seller* *Aunque tenga miedo, hágalo igual*

«Un libro imprescindible. La guía más práctica para el crecimiento personal que jamás he leído. El número uno en mi lista de libros recomendados.»

JORDAN PAUL
autor de *Do I Have to Give me up to be loved by you*

«La obra de Susan Jeffers contiene muchos consejos realmente útiles y fáciles de llevar a la práctica. Además, es un placer leerlo.»

McCalls

«Un libro extraordinario para traspasar los límites que todos nos hemos autoimpuesto y conseguir lo que queremos.»

HAROLD BLOOMFIELD
autor de *Making Peace with your Parents*

«Un libro que se dirige a nuestra valentía interior... Su "mensaje" es tan claro que nuestro espíritu no podrá dejar de prestarle atención.»

GINI KOPECKY, *Redbook*